AF360688

ORDONNANCE DU ROI,

LE RÉGIMENT

DES

GARDES-FRANÇOISES

DE SA MAJESTÉ.

Du 17 Juillet 1777.

A PARIS,

DE L'IMPRIMERIE ROYALE.

M DCCLXXVII.

TABLE
DES
TITRES ET ARTICLES
Contenus dans cette Ordonnance.

TITRE PREMIER.
COMPOSITION.

TITRE II.

Finances des Charges.

<h1>TITRE III.</h1>

Fonctions & choix des Officiers, Sergens & Caporaux.

<h1>TITRE IV.</h1>

Appointemens, Solde & Masse, &c.

ARTICLE 2.

TITRE V.

Administration.

TITRE VI.

Récompenses militaires.

TITRE VII.

Moyens de parvenir à la nouvelle composition.

TITRE VIII.

Service.

TITRE IX.

Priviléges & prérogatives du Colonel & du Régiment, conservés.

Fin de la Table.

ORDONNANCE

ORDONNANCE DU ROI,

Concernant le Régiment des Gardes-Françoises de Sa Majesté.

Du 17 Juillet 1777.

DE PAR LE ROI.

SA MAJESTÉ voulant donner au régiment de ses Gardes-françoises une constitution plus avantageuse au service dans ses armées, & faire connoître ses intentions sur l'administration de ce Régiment; Elle a ordonné & ordonne ce qui suit.

TITRE PREMIER.

ARTICLE PREMIER.

LE régiment des Gardes-françoises de Sa Majesté, continuera d'être composé de six bataillons.

Nombre de bataillons.

A

2.

Composition des Bataillons.

CHAQUE bataillon sera composé d'une compagnie de Grenadiers, & de quatre compagnies de Fusiliers.

3.

Nombre de Compagnies conservées.

AU moyen de la composition prescrite par les articles précédens, le régiment des Gardes - françoises ne sera plus composé à l'avenir, que de vingt-quatre compagnies de Fusiliers, & de six compagnies de Grenadiers. L'intention de Sa Majesté étant que les six compagnies de Fusiliers qui se trouveront excéder ladite composition soient & demeurent supprimées, Elle donnera ses ordres au Colonel, sur les six compagnies qu'Elle jugera à propos de supprimer.

4.

Composition des compagnies de Grenadiers. Les Grenadiers comment remplacés.

CHAQUE compagnie de Grenadiers sera commandée par un Capitaine, un Capitaine en second, un premier Lieutenant, un Lieutenant en second, un premier Sous-lieutenant, un Sous-lieutenant en second; & composée d'un Sergent-major, d'un premier Sergent, de quatre Sergens, d'un Caporal-fourrier-écrivain, de huit Caporaux, d'un Chirurgien, de quatre-vingt-quatre Grenadiers, & de trois Tambours ou Instrumens, formant un total de cent neuf hommes, y compris les Officiers.

Les Grenadiers qui viendront à manquer, seront remplacés sur le champ par les compagnies de Fusiliers.

5.

Composition des compagnies de Fusiliers.

CHAQUE compagnie de Fusiliers sera commandée par un Capitaine, un premier Lieutenant, un Lieutenant en second, un premier Sous-lieutenant, un Sous-lieutenant en second, un Enseigne; & composée d'un Sergent-major, d'un premier Sergent, de quatre Sergens de section , d'un Caporal-fourrier-écrivain ; d'un Caporal-porte-drapeau, d'un Caporal-canonnier, de neuf Caporaux, de trois Canonniers, d'un Chirurgien, de cent quarante-quatre Fusiliers, & de quatre Tambours ou Instrumens, formant un total de cent soixante & seize hommes, y compris les Officiers.

TITRE Ier

6.

LES compagnies de Grenadiers feront en tout temps portées au complet fixé par *l'article 4.*

Les compagnies de Fusiliers conserveront en temps de paix , comme en temps de guerre , le nombre d'Officiers , bas Officiers , Canonniers , Chirurgiens , Tambours ou Instrumens, fixés par *l'article 5 ;* mais lesdites compagnies ne feront portées préfentement qu'à cent Fusiliers, non compris les Officiers, Sergens , Caporaux, Canonniers, Chirurgien , Tambours ou Instrumens.

Sa Majesté fe réserve de déclarer fes intentions fur le nombre de Fusiliers dont Elle jugera à propos d'augmenter succeffivement lefdites compagnies , pour les porter au complet fixé par la préfente Ordonnance.

Fixation du nombre actuel de Fusiliers par Compagnie.

7.

LA compagnie du Colonel fera toujours défignée fous la dénomination de *Compagnie - colonelle ;* elle fera commandée par un Capitaine, qui jouira des mêmes appointemens & prérogatives que les autres Capitaines ; & chacune des vingt-neuf autres compagnies, continuera de porter le nom du Capitaine qui la commandera.

Dénomination des Compagnies.

8.

CHAQUE compagnie de Grenadiers & de Fusiliers formera deux pelotons & quatre fections.

Division des Compagnies.

9.

SA MAJESTÉ crée, en vertu de la préfente Ordonnance, dans ſon régiment des Gardes-françoiſes, un Lieutenant-colonel en ſecond ; dans chaque compagnie de Grenadiers, un Capitaine en ſecond, & dans chacune des compagnies de Grenadiers ou de Fuſiliers, un Lieutenant en ſecond, un Sous-lieutenant en ſecond, un Sergent-major, & un Caporal-fourrier-écrivain : Elle ſupprime les Enſeignes à pique, les Sergens-fourriers & les Appointés, tant des compagnies de Grenadiers que de celles de Fuſiliers.

Veut Sa Majeſté, que le prix des charges nouvellement créées, ſerve au rembourſement de celles qui ſe trouveront ſupprimées par les diſpoſitions de la préſente Ordonnance. Le compte en ſera préſenté à Sa Majeſté, qui donnera ſes ordres en conſéquence.

Sa Majeſté déroge aux diſpoſitions de l'Ordonnance du 14 avril 1771, concernant les compagnies de Grenadiers ; Elle veut que celles établies par la préſente Ordonnance ſoient formées ainſi qu'il ſera preſcrit ci-après.

Sa Majeſté ſupprime les Sergens-d'ordre, & veut qu'il ſoit créé, en vertu de la préſente Ordonnance, deux premiers Adjudans & trois autres Adjudans, à raiſon d'un pour deux bataillons ; ſon intention étant que les deux Sergens-d'ordre actuellement exiſtans, ſoient nommés aux places des deux premiers Adjudans.

10.

Au moyen de ces nouvelles diſpoſitions, l'État-major ſera compoſé d'un Colonel, d'un premier Lieutenant-colonel, d'un Lieutenant-colonel en ſecond, d'un Major, de ſept Aides-majors, de ſept Sous-aides-majors, de deux premiers Adjudans, de trois autres Adjudans, d'un Aumônier, de deux Chirurgiens-majors, d'un Tambour-major, de deux Sous-tambours-majors, & de ſeize Muſiciens affectés à la garde de Sa Majeſté ; de deux Commiſſaires, dont l'un ayant la police ; d'un Maréchal-des-logis, d'un Prévôt, d'un Lieutenant du Prévôt, d'un Greffier,

d'un

d'un Juge-auditeur des bandes, d'un Médecin, d'un Aide-médecin, d'un Apothicaire, de douze Archers de la Prévôté & d'un Exécuteur.

I I.

L'INTENTION de Sa Majefté étant de ne conferver d'Officiers généraux au régiment de fes Gardes-françoifes, que les deux Lieutenans-colonels & le Major, Elle veut que les Capitaines qui font actuellement Maréchaux-de-camp, foient rembourfés de leur charge.

Charges que pourront conferver les Officiers généraux.

Sa Majefté leur accorde huit mille livres en appointemens confervés, qui leur feront payés par les Tréforiers de l'Ordinaire des guerres, à la feule retenue des quatre deniers pour livre; & Elle fe propofe de les rappeler, fuivant les circonftances, pour remplir les places de Lieutenans-colonels & de Major du régiment de fes Gardes-françoifes, de les employer comme les autres Officiers généraux de fes armées, & de les faire participer aux mêmes grâces.

I 2.

EN conféquence des difpofitions de l'article précédent, Sa Majefté ordonne, qu'à l'avenir les Capitaines du régiment de fes Gardes-françoifes, ne puiffent conferver leurs compagnies, lorfqu'ils feront faits Maréchaux-de-camp.

Les Capitaines quitteront leurs compagnies lorfqu'ils feront Maréchaux-de-camp.

Sa Majefté leur accordera des appointemens proportionnés à l'ancienneté & à la diftinction de leurs fervices; & ils pourront, fuivant les circonftances, être rappelés dans le régiment des Gardes-françoifes, pour y remplir les places de Lieutenans-colonels & de Major.

Sa Majefté fe propofe pareillement de les employer, comme les autres Maréchaux-de-camp de fes armées, & de les faire participer aux mêmes grâces.

I 3.

VEUT Sa Majefté, qu'il ne lui foit propofé pour

B

Places supérieures remplies par des Officiers généraux sortis du Corps.

Lieutenant - colonel, qu'un Capitaine de ses Gardes-françoises fait Officier général, ou le premier Capitaine du régiment.

Veut aussi Sa Majesté, qu'il ne lui soit proposé pour Major, qu'un Capitaine de ses Gardes - françoises fait Officier général, ou un Capitaine du régiment, sans égard à l'ancienneté.

14.

Création d'Enseignes surnuméraires.

POUR conserver en activité les jeunes Officiers qui se trouveront surnuméraires, & former des Officiers pour remplir les emplois d'Enseigne, Sa Majesté veut bien établir dans chacune des compagnies de Fusiliers, un Enseigne surnuméraire, d'une noblesse reconnue, lequel fera le même service que les Enseignes, sans néanmoins recevoir aucuns appointemens, mais seulement le logement en garnison, & l'étape en route. Veut Sa Majesté, que ces emplois ne puissent jamais être vendus, pour quelque cause, & sous quelque prétexte que ce puisse être; & qu'en temps de guerre, il ne soit point nommé à ces emplois, lorsqu'ils viendront à vaquer.

L'intention de Sa Majesté est que les Enseignes à drapeaux qui se trouveront excéder la nouvelle composition, fassent nombre parmi les Enseignes surnuméraires, & soient nommés par rang d'ancienneté aux premières Enseignes qui viendront à vaquer; mais les Enseignes surnuméraires, nouvellement admis, n'auront aucun rang entre eux, pour parvenir aux Enseignes. Ils seront compris dans les revues après les Enseignes en pied, monteront les mêmes gardes, assisteront à toutes les revues & exercices des compagnies auxquelles ils seront attachés, & ne pourront s'en absenter sans permission du Colonel, à peine d'être exclus de leur emploi.

15.

Dépôt.

SA MAJESTÉ confirme l'établissement du dépôt qui

a été fait par le Colonel, pour l'inſtruction, tant des Officiers qui entrent au corps, que pour celle des Recrues du régiment.

Ce dépôt ſera entretenu par les fonds de la maſſe générale, qui ſera établie ci-après.

Veut Sa Majeſté que les nouveaux Enſeignes, lorſque leur compagnie ſera à Paris, ne puiſſent faire le ſervice qu'après y avoir été exercés pendant ſix mois, & qu'il ſera reconnu qu'ils ſont ſuffiſamment inſtruits.

16.

LE Colonel pourra admettre à ce dépôt, à raiſon de trois par chaque compagnie de Fuſiliers, des enfans de bas Officiers & Soldats des Troupes de Sa Majeſté, lorſqu'ils auront atteint l'âge de onze ans : Ils ſeront compris dans les revues, ne feront point nombre dans les compagnies, & recevront la ſolde comme les autres ; bien entendu que leſdits enfans, lorſqu'ils ſeront parvenus à l'âge de ſeize ans, ſeront tenus, s'ils ont les qualités requiſes, de contracter un engagement de huit ans, en leur donnant moitié du prix de l'engagement d'un homme de recrue, ou de rembourſer tout ce qu'ils auront coûté pour leur entretien, dont il ſera tenu un regiſtre exact, arrêté par l'Officier qui commandera le dépôt.

Élèves qui y ſeront admis.

TITRE II.

Finances des Charges.

ARTICLE PREMIER.

LA finance des charges de chacun des deux Lieutenans-colonels, du Major, des Capitaines de Grenadiers & de Fuſiliers, ſera de *Quatre-vingt mille livres*.

Finance des Charges.

Celle des Capitaines en ſecond des compagnies de Grenadiers, des Aides-majors & des Lieutenans en premier des compagnies de Grenadiers & de Fuſiliers, ſera de *Quarante mille livres.*

Celle des Lieutenans en ſecond & des Sous-aides-majors, ſera de *Trente mille livres.*

Celle des Sous-lieutenans en premier, de *Vingt mille livres.*

Celle des Sous-lieutenans en ſecond, de *Dix mille livres.*

Et celle des Enſeignes, de *Six mille livres.*

2.

Produit de la vente des Enſeignes, affecté à l'Hôpital.

SA MAJESTÉ confirme toutes les diſpoſitions arrêtées par le feu Roi ſon aïeul, concernant la vente des Enſeignes, dont le produit continuera d'être affecté à l'établiſſement & à l'entretien de l'hôpital des Gardes-françoiſes, conformément à l'Édit de ſon établiſſement du mois de ſeptembre 1759.

Sa Majeſté ſe propoſe de donner de nouveaux ordres, lorſque l'établiſſement ſera achevé, & qu'il ſera pourvu à ſon entretien.

3.

Nombre d'années pour pouvoir vendre une charge gagnée par mort.

LES Capitaines & autres Officiers auxquels Sa Majeſté aura donné des compagnies ou autres charges vacantes par mort, ne pourront vendre leur emploi, lorſqu'ils demanderont à ſe retirer, qu'après trois ans de ſervice dans leſdites compagnies ou charges, à moins qu'ils ne ſoient forcés par leurs bleſſures de quitter le ſervice, auquel cas Sa Majeſté leur fera telle grâce qu'Elle jugera à propos.

4.

Officier général rappelé pour les Charges ſupérieures;

S'IL arrivoit qu'un des deux Lieutenans-colonels ou le Major, mourût en charge ſans avoir donné ſa dé-miſſion, & que Sa Majeſté accordât l'agrément d'acheter

une

une de ces charges, à un Officier général qu'elle rappelleroit à la Lieutenance-colonelle ou à la Majorité, les quatre-vingt mille livres du prix de la charge, feront dépofées dans la caiffe du régiment, pour fervir à l'achat qui fera fait des premiers emplois vacans, au profit des Officiers de chaque grade, qui fe trouveront par rang d'ancienneté les premiers à paffer auxdits emplois : Voulant Sa Majefté qu'ils foient affujettis pour la vente de ces charges, aux difpofitions de l'article précédent, en comptant néanmoins les trois années de fervice exigées du jour qu'ils auroient dû jouir de ces emplois.

TITRE II.

Emploi de la finance de celles dont les pourvus mourront, fans avoir donné de démiffion.

TITRE III.

Fonctions & choix des Officiers, Sergens & Caporaux.

ARTICLE PREMIER.

L E Lieutenant-colonel en premier, & le Lieutenant-colonel en fecond, n'auront point de compagnies.

Sa Majefté ordonnera, felon les circonftances, fi tous les deux devront aller à la guerre, avec les bataillons du régiment de fes Gardes-françoifes ; ils y feront employés fuivant leur grade.

Leur fervice en temps de paix fera réglé par le Colonel, d'après les ordres de Sa Majefté, de manière qu'il y en ait toujours un des deux préfent au corps, & que tous les deux y foient préfens, dans le temps des exercices du régiment pour les revues de Sa Majefté.

Les Lieutenans-colonels n'auront point de Compagnies; leur fervice.

2.

L ES compagnies continueront de marcher à la guerre fuivant le tour de chaque compagnie, ainfi qu'il s'eft toujours pratiqué jufqu'à préfent.

Les Compagnies iront à la guerre fuivant leur tour.

C

TITRE III.

Suppreſſion des Commandans de bataillon ; le bataillon par qui commandé.

3.

LE titre de Commandant de bataillon, fera & de-meurera fupprimé.

Le premier Capitaine de chaque bataillon, comman-dera le bataillon ; en cas d'abſence, il ſera remplacé par le plus ancien Capitaine de chaque bataillon.

4.

Fonctions du Major.

LE Major continuera d'être chargé de la police & de la difcipline du corps, fubordonnément au Colonel, & en fon abfence au Commandant du Régiment.

5.

Fonctions des Capitaines.

LES Capitaines feront de fréquentes infpections de leur compagnie ; ils veilleront avec la plus grande attention à l'exécution de tous les ordres, aux exercices du bataillon qu'ils ſe trouveront commander, à celui de leur compagnie, & à tout ce qui pourra contribuer à la difcipline & au bien-être du Soldat ; ils rendront un compte exact de leur compagnie au Colonel, & en fon abfence au Commandant du régiment.

6.

Fonctions des Aides-majors.

LE premier Aide-major, & fucceffivement le premier des Aides-majors, en fon abfence, remplacera le Major dans toutes fes fonctions.

Les Aides-majors veilleront chacun à leur bataillon, & en rendront compte au Major.

7.

Rang des Adjudans ; leurs fonctions.

LES Adjudans auront rang de Lieutenant d'Infanterie ; ils commanderont à tous les Sergens, & feront parti-culièrement chargés de veiller à leur conduite ; ils rendront compte à l'État-major de l'exécution de tous les ordres.

8.

Le Maréchal-des-logis continuera de remplir les fonctions de sa charge, concernant les logemens, & de jouir du rang, des priviléges & prérogatives qui lui font attribués.

TITRE III.
Fonctions du Maréchal-des-logis.

9.

Le Sergent-major de chaque compagnie ne fera de fervice qu'à la garde du Roi; il fera fupérieurement chargé de l'inftruction de la compagnie, de tous les détails du fervice, de la difcipline, du magafin de la compagnie & des réparations.

Il rendra compte de tous ces objets au Major, au Commandant de la compagnie, & aux Officiers-majors du bataillon.

Les autres Sergens lui feront fubordonnés.

Fonctions des Sergens-majors.

10.

Les Caporaux attachés aux fections veilleront fur la difcipline, police & exercice de leurs fections; ils en répondront au Sergent de la fection.

Le Caporal-fourrier-écrivain ne fera d'autre fervice que celui de tenir les regiftres, former les états de la compagnie, & avoir foin du magafin, fous les ordres du Sergent-major.

Fonctions des Caporaux.

11.

Le Tambour-major veillera fur la conduite, la difcipline & les exercices des Tambours; il commandera les Sous-tambours-majors, & continuera de remplir les mêmes fonctions qu'il a remplies jufqu'à préfent.

Fonctions du Tambour-major.

12.

L'intention de Sa Majefté eft que les plus anciens Capitaines commandent les premières compagnies de

Compagnies de Grenadiers; par qui commandées.

Fufiliers, & que les compagnies de Grenadiers foient données fans égard au rang d'ancienneté ; mais Elle ordonne que lorfqu'un Capitaine de Grenadiers arrivera par fon rang dans le nombre des fix plus anciens Capitaines du régiment, il quitte fa compagnie de Grenadiers pour prendre une compagnie de Fufiliers.

S'il arrivoit qu'à la guerre un Capitaine de Grenadiers fe trouvât commander accidentellement un bataillon, Sa Majefté veut qu'il quitte le commandement du bataillon pour fuivre la deftination de fa compagnie, dans le cas où elle fe trouveroit détachée.

1 3.

Choix des Capitaines en fecond de Grenadiers.

LES Capitaines de Grenadiers actuellement exiftans, feront placés en qualité de Capitaines en fecond dans les compagnies de Grenadiers établies par la préfente Ordonnance. Veut Sa Majefté qu'ils jouiffent des avantages qui leur ont été accordés par l'Ordonnance du 14 avril 1771, jufqu'à ce qu'ils commandent des compagnies.

Les Capitaines en fecond defdites compagnies de Grenadiers, feront choifis à l'avenir dans le nombre des Aides-majors & des Lieutenans en premier; ils y prendront leur rang, fuivant leur ancienneté, dans le grade de Lieutenant.

Les autres Officiers de Grenadiers feront choifis chacun dans leur colonne.

1 4.

Choix des Aides-majors & Sous-aides-majors.

LES Aides-majors feront choifis parmi les Lieutenans en premier; & dans le cas où Sa Majefté jugeroit à propos de nommer pour Aide-major un Lieutenant en fecond, il donnera *Dix mille livres*, & ne fera plus fufceptible de paffer à fon tour à une Lieutenance en premier qui viendroit à vaquer par mort. Cet Aide-major confervera fon rang d'ancienneté dans la colonne où il fe

trouvera;

trouvera; & parmi les Aides-majors, celui de la date de

fa nomination à l'Aide-majorité.

Les Sous-aides-majors feront choifis parmi les Lieu-tenans en fecond, & les Sous-lieutenans en premier, feront fufceptibles d'être faits Sous-aides-majors, aux mêmes conditions prefcrites pour les Lieutenans en fecond, auxquels Sa Majefté accorderoit une Aide-majorité.

1 5.

Choix des Adjudans.

LES Adjudans ne pourront être tirés que du corps des Sergens dudit régiment: ils feront choifis par le Colonel, fans égard à l'ancienneté; il les propofera à Sa Majefté, qui donnera des ordres pour leur faire expédier des brevets.

1 6.

Caporaux claffés avant d'être faits Sergens.

LES deux Caporaux que les Capitaines jugeront les plus capables de pouvoir remplir une place de Sergent, fachant lire & écrire, & en état de montrer l'exercice, feront envoyés par les Capitaines, l'un à l'inftruction du dépôt, l'autre à celle des fecondes claffes: Ils feront alors cenfés claffés & faire nombre parmi les Caporaux deftinés à être faits Sergens.

En temps de guerre, les Capitaines donneront au Major l'état des trois meilleurs Caporaux de leur com-pagnie, pour être claffés & remplir les places de Sergens; ces états feront remis au Colonel.

L'intention de Sa Majefté eft que les Caporaux ne foient pas faits Sergens dans les compagnies d'où ils feront tirés.

1 7.

Renvoyés à leurs Compagnies, s'ils fe comportent mal.

VEUT auffi Sa Majefté, que fi quelqu'un des Caporaux attachés au dépôt ou aux fecondes claffes, vient à fe déranger, ou qu'il foit reconnu qu'il n'a pas les qualités néceffaires pour être fait Sergent, l'Officier qui com-mandera le dépôt, ou aux fecondes claffes, rende compte par écrit au Major des sujets de mécontentement qui pourroient nécessiter son renvoi : Le Major en rendra compte au Colonel, pour qu'il soit remplacé.

18.

LORSQU'IL vaquera une place de Sergent- major dans une compagnie, le Major proposera les trois meilleurs Sergens du régiment au Colonel, qui nommera celui des trois sujets proposés qui lui paroîtra mériter la préférence.

Il en sera usé de même pour la nomination d'un premier Sergent.

A l'égard des autres places de Sergent, lorsqu'il en vaquera une, le Major chargera les Adjudans & les Sergens des douze établis dans le Corps, d'examiner les trois meilleurs Caporaux : Ils feront leur rapport au Major, qui proposera les sujets au Colonel, pour qu'il nomme celui des trois qui lui paroîtra mériter la préférence.

19.

LES Sergens des compagnies de Grenadiers, feront toujours tirés du corps des Sergens de Fusiliers.

20.

LE Caporal-fourrier-écrivain sera nommé par le Colonel, sur la présentation du Major.

Le Caporal-porte-drapeau & le Chirurgien, feront choisis par les Capitaines, qui proposeront les sujets au Major, lequel ne les fera inscrire qu'après avoir été agréés par le Colonel.

Le Caporal-canonnier sera choisi parmi les Canonniers, & nommé par le Capitaine, sur la demande de l'Officier qui commandera l'Artillerie.

Les autres places de Caporaux seront données, sans égard à l'ancienneté, aux sujets de la compagnie qui feront proposés par le Capitaine; mais ils ne pourront y être reçus qu'après avoir été examinés par un Conseil, composé de trois Sergens des douze, & de quatre Caporaux de la même compagnie.

En l'absence du Capitaine, les sujets pour remplir les places de Caporaux & de Chirurgien, seront nommés par le Major, après qu'il aura pris les ordres du Colonel.

TITRE IV.

Appointemens, Solde & Masse, &c.

ARTICLE PREMIER.

SA MAJESTÉ veut que les appointemens & solde soient payés à l'avenir aux Officiers, Sergens & Soldats du régiment de ses Gardes-françoises sur le pied,

SAVOIR;

COMPAGNIES DE GRENADIERS.	APPOINTEMENS ET SOLDE EN TOUT TEMPS.		
	PAR JOUR.	PAR MOIS.	PAR AN.
A chaque Capitaine, trente-trois livres six sous huit deniers, ci......	33^{tt} 6^f 8^d	1000^{tt} $\prime\prime^f$ $\prime\prime^d$	12000^{tt}
A chaque Capitaine en second, treize livres dix-sept sous neuf deniers un tiers, ci...................	13. 17. 9$\frac{1}{3}$	416. 13. 4	5000.
A chaque premier Lieutenant, neuf livres quatorze sous cinq deniers un tiers, ci...................	9. 14. 5$\frac{1}{3}$	291. 13. 4	3500.
A chaque second Lieutenant, six livres dix-huit sous dix deniers deux tiers, ci...................	6. 18. 10$\frac{2}{3}$	208. 6. 8	2500.
A chaque premier Sous-lieutenant, quatre livres trois sous quatre deniers, ci...................	4. 3. 4	125. $\prime\prime$ $\prime\prime$	1500.
A chaque second Sous-lieutenant, trois livres six sous huit deniers, ci..	3. 6. 8	100. $\prime\prime$ $\prime\prime$	1200.

	APPOINTEMENS ET SOLDE EN TOUT TEMPS.		
	PAR JOUR.	PAR MOIS.	PAR AN.
A chaque Sergent-major, deux livres quatre sous cinq deniers un tiers, ci .	2 ℔ 4 ˢ 5 ᵈ $\frac{1}{3}$	66 ℔ 13 ˢ 4 ᵈ	800 ℔
A chaque premier Sergent, une livre dix-huit sous dix deniers deux tiers, ci .	1. 18. 10 $\frac{2}{3}$	58. 6. 8	700.
A chaque Sergent, une livre treize sous quatre deniers, ci	1. 13. 4	50. ∥ ∥	600.
A chaque Caporal, douze sous, ci .	∥ 12. ∥	18. ∥ ∥	216.
A chaque Chirurgien, onze sous, ci	∥ 11. ∥	16. 10. ∥	198.
A chaque Tambour ou Instrument, douze sous, ci	∥ 12. ∥	18. ∥ ∥	216.
A chaque Grenadier, dix sous, ci .	∥ 10. ∥	15. ∥ ∥	180.

COMPAGNIES DE FUSILIERS.

	PAR JOUR.	PAR MOIS.	PAR AN.
A chaque Capitaine, trente livres onze sous un denier un tiers, ci	30. 11. 1 $\frac{1}{3}$	916. 13. 4	11000.
A chaque premier Lieutenant, huit livres six sous huit deniers, ci	8. 6. 8	250. ∥ ∥	3000.
A chaque second Lieutenant, cinq livres onze sous un denier un tiers, ci .	5. 11. 1 $\frac{1}{3}$	166. 13. 4	2000.
A chaque premier Sous-lieutenant, trois livres six sous huit deniers, ci .	3. 6. 8	100. ∥ ∥	1200.
A chaque second Sous-lieutenant, deux livres quatre sous cinq deniers un tiers, ci	2. 4. 5 $\frac{1}{3}$	66. 13. 4	800.
A chaque Enseigne, une livre seize sous huit deniers, ci	1. 16. 8	55. ∥ ∥	660.
A chaque Sergent-major, deux livres quatre sous cinq deniers un tiers, ci .	2. 4. 5 $\frac{1}{3}$	66. 13. 4	800.
A chaque premier Sergent, une livre dix-huit sous dix deniers deux tiers, ci .	1. 18. 10 $\frac{2}{3}$	58. 6. 8	700.
A chaque Sergent, une livre dix sous, ci	1. 10. ∥	45. ∥ ∥	540.
A chaque Caporal, onze sous, ci .	∥ 11. ∥	16. 10. ∥	198.
A chaque Canonnier, dix sous, ci .	∥ 10. ∥	15. ∥ ∥	180.

A chaque

	APPOINTEMENS ET SOLDE EN TOUT TEMPS.						
	PAR JOUR.			PAR MOIS.			PAR AN.
A chaque Chirurgien, dix fous, ci .	//^{tt}	10^{f}	//^{d}	15^{tt}	//^{f}	//^{d}	180^{tt}
A chaque Tambour ou Inftrument, onze fous, ci	//	11.	//	16.	10.	//	198.
A chaque Fufilier, neuf fous, ci . .	//	9.	//	13.	10.	//	162.

ÉTAT MAJOR.

	PAR JOUR.			PAR MOIS.			PAR AN.
Au Colonel , cent quatre - vingt-quatorze livres huit fous dix deniers deux tiers , ci	194.	8.	10$\frac{2}{3}$	5833.	6.	8	70000.
Au premier Lieutenant - colonel , foixante - une livres deux fous deux deniers deux tiers , ci	61.	2.	2$\frac{2}{3}$	1833.	6.	8	22000.
Au fecond Lieutenant - colonel , quarante - une livres treize fous quatre deniers , ci	41.	13.	4	1250.	//	//	15000.
Au Major, cinquante livres , ci . . .	50.	//	//	1500.	//	//	18000.
Au premier Aide-major , treize livres dix-fept fous neuf deniers un tiers, ci . .	13.	17.	9$\frac{1}{3}$	416.	13.	4	5000.
A chacun des fix autres Aides-majors , douze livres dix fous, ci . . .	12.	10.	//	375.	//	//	4500.
A chacun des fept Sous-aides-majors, huit livres fix fous huit deniers, ci . . .	8.	6.	8	250.	//	//	3000.
A chacun des deux premiers Adju-dans , quatre livres trois fous quatre deniers , ci	4.	3.	4	125.	//	//	1500.
A chacun des trois autres Adjudans, trois livres fix fous huit den. ci	3.	6.	8	100.	//	//	1200.
A l'Aumônier , deux livres quinze fous fix deniers deux tiers , ci	2.	15.	6$\frac{2}{3}$	83.	6.	8	1000.
A chacun des deux Chirurgiens-majors , deux livres quinze fous fix deniers deux tiers , ci	2.	15.	6$\frac{2}{3}$	83.	6.	8	1000.
Au Tambour - major , deux livres quatre fous cinq deniers un tiers , ci . .	2.	4.	5$\frac{1}{3}$	66.	13.	4	800.
A chacun des deux Sous-tambours-majors , une livre , ci	1.	//	//	30.	//	//	360.

E

	APPOINTEMENS et SOLDE EN TOUT TEMPS.						
	PAR JOUR.			PAR MOIS.			PAR AN.
A chacun des seize Musiciens affectés à la garde du Roi, pour tout traitement, quatre liv. trois sous quatre den. ci..	4^{tt}	3^{f}	4^{d}	125^{tt}	u^{f}	u^{d}	1500^{tt}
Au Commissaire des guerres, ayant la police, vingt-huit livres onze sous six deniers, ci.................	28.	11.	6	857.	5.	//	10287.
Au second Commissaire, dix-sept livres douze sous neuf deniers un tiers, ci.......................	17.	12.	$9\frac{1}{3}$	529.	3.	4	6350.
Au Maréchal-des-logis, huit livres six sous huit deniers, ci..........	8.	6.	8	250.	//	//	3000.
Au Prévôt, dix livres deux sous deux deniers, ci..................	10.	2.	2	303.	5.	//	3639.
Au Lieutenant du Prévôt, deux livres quatre sous cinq deniers un tiers, ci...	2.	4.	$5\frac{1}{3}$	66.	13.	4	800.
Au Greffier, une livre cinq sous, ci..................	1.	5.	//	37.	10.	//	450.
Au Juge-auditeur des bandes, une livre treize sous quatre deniers, ci...	1.	13.	4	50.	#	//	600.
Au Médecin, deux livres quatre sous cinq deniers un tiers, ci.........	2.	4.	$5\frac{1}{3}$	66.	13.	4	800.
A l'Aide-médecin, une livre sept sous neuf deniers un tiers, ci.........	1.	7.	$9\frac{1}{3}$	41.	13.	4	500.
A l'Apothicaire, une livre treize sous quatre deniers, ci..............	1.	13.	4	50.	//	//	600.
A chacun des douze Archers de la Prévôté, onze sous un denier un tiers, ci....................	//	11.	$1\frac{1}{3}$	16.	13.	4	200.
A l'Exécuteur, huit sous quatre den. ci....................	//	8.	4	12.	10.	r	150.

Les appointemens & solde continueront d'être payés comme par le passé aux Officiers & Soldats, par les Tré-soriers de l'ordinaire des guerres, chacun pendant l'année de leur exercice, & sur les revues du Commissaire qui aura la police dudit régiment.

2.

SA MAJESTÉ entend que les Capitaines & Lieutenans de Grenadiers actuellement existans, les Sous-lieutenans, les Enseignes, les Sergens & les Caporaux, qui d'après les dispositions de la présente Ordonnance, éprouveroient de la diminution dans leurs appointemens & solde, jouissent du même traitement dont ils jouissoient, jusqu'à ce qu'ils soient parvenus à un autre grade.

3.

SA MAJESTÉ accorde une gratification annuelle de *Six mille livres*, que le Colonel fera distribuer aux Officiers & Sergens qui seront employés à l'instruction du dépôt & du régiment, & qui auront montré le plus de zèle.

L'intention de Sa Majesté est que cette somme soit employée de préférence à indemniser les Appointés supprimés par la présente Ordonnance, de la diminution qu'ils éprouvent dans leur paye, en leur accordant des gratifications jusqu'à ce qu'ils parviennent à un autre grade.

4.

L'INTENTION de Sa Majesté est aussi de continuer à faire payer la somme de *Quatre mille livres*, pendant le temps de guerre seulement, au Lieutenant-colonel du régiment qui commandera la brigade à l'armée.

Et celle de *Quinze cents livres*, accordée tant en temps de paix qu'en temps de guerre, à chacun des quatre Capitaines appointés dans la colonne des Capitaines.

5.

TOUS les appointemens, solde & masse, & gratifications réglés par les articles 1, 3 & 4 du présent Titre, ne seront sujets qu'à la seule retenue des quatre deniers pour livre.

Traitement conservé aux Officiers.

Gratification annuelle de six mille livres.

Gratifications en temps de guerre & en temps de paix.

Retenue des quatre deniers pour livre.

6.

VEUT Sa Majesté que les Capitaines du régiment de ses Gardes-françoises , continuent de jouir de leurs appointemens en entier , à la seule retenue des quatre deniers pour livre de leur compagnie, non compris les Officiers.

7.

AU moyen de la solde réglée aux Tambours par l'article I.er du présent Titre, ils seront tenus d'entretenir leurs caisses de peaux & de cordages, & de se fournir de baguettes.

8.

IL sera retenu sur la solde réglée à chaque Caporal, Grenadier, Fusilier, Canonnier, Chirurgien, Tambour & Instrument, un sou par jour en tout temps pour l'entretien du linge & chaussure, dont le décompte leur sera régulièrement fait tous les quatre mois par l'Aide-major de chaque bataillon, qui ne pourra faire délivrer ce qui reviendra à chacun d'eux, qu'après avoir examiné leur linge & chaussure, fait remplacer ce qui pourroit manquer, & s'être assuré que chaque homme a *Quinze livres* en masse.

Veut Sa Majesté qu'il ne soit point fait de décompte du linge & chaussure aux Soldats absens par congé, pendant le temps de leur absence, & que le montant de la retenue soit versé à la masse générale.

9.

IL sera établi à l'époque de la nouvelle composition réglée par la présente Ordonnance, une masse de *Soixante-quinze livres* par homme, par an, au complet, pour être employée aux recrues, à l'habillement, à l'équipement, à l'entretien & à toute espéce de réparations sans distinction, ainsi qu'à l'entretien des armes & des effets dépendans de l'armement.

Cette

Cette masse sera payée chaque mois, au complet de trois mille six cents quarante-deux hommes, & par la suite en conséquence du nombre d'hommes dont Sa Majesté jugera à propos d'augmenter le régiment.

TITRE IV.

I O.

Sa Majesté continuera de faire fournir au régiment de ses Gardes - françoises, l'armement, les canons, les tentes & ustensiles dont il pourra avoir besoin.

Armement, canons & tentes.

Et Elle donnera ses ordres, si Elle le juge à propos, pour faire fournir, à la guerre, deux pièces de canon par bataillon, servies par le Corps-royal d'Artillerie.

I I.

Sa Majesté considérant que la masse générale ne pourroit suffire à l'habillement & équipement des Sergens, & que la subsistance des Soldats se trouve assujettie aux droits d'entrée de Paris; Elle veut que les *Vingt-cinq mille livres* payées par les Fermiers généraux, soient versées à la masse générale, & que ladite masse fournisse une somme de *Dix mille livres* par an, laquelle sera distribuée également à toutes les compagnies pour le bois & la chandelle de l'ordinaire des Soldats.

Vingt - cinq mille livres des Fermiers généraux, versées à la masse générale.

I 2.

Les Soldats absens par congé, ne toucheront que la moitié de leur solde pendant tout le temps de leur absence, & le décompte leur en sera régulièrement fait à leur retour au régiment; à l'égard de ceux qui ne rejoindront pas exactement à l'expiration de leur congé, ils seront privés de la solde entière pendant tout le temps de leur absence, à moins qu'ils ne justifient, par les certificats les plus authentiques, l'impossibilité dans laquelle ils auroient pu se trouver de rejoindre pour cause de maladie bien constatée. Voulant Sa Majesté que la solde entière desdits hommes, ainsi que la moitié de

Demi-solde & Solde entière, réunies à la masse générale.

F

la folde des abfens par congé, foient verfées à la maffe générale, qui fera chargée de continuer à fournir les guêtres noires, les guêtres blanches, les cols & les cocardes.

13.

TOUS les fonds qui feront faits pour la folde, la maffe générale & les gratifications, feront verfés par le Tréforier général de l'Ordinaire des guerres, dans la caiffe du régiment, d'après les revues du Commiffaire des guerres qui en aura la police.

L'intention de Sa Majefté eft que la perfonne qui aura la manutention de ladite caiffe, foit à la nomination du Colonel, & autorifée par lui à figner les décomptes & quittances defdites fommes, dont le Major du Corps aura l'adminiftration journalière, fous l'autorité du Colonel & du Confeil d'adminiftration.

TITRE V.

Adminiftration.

ARTICLE PREMIER.

LA maffe générale fera adminiftrée, fous les ordres du Colonel, par un Confeil compofé des deux Lieutenans-colonels, du Major & de quatre Capitaines nommés par le Colonel.

En cas d'abfence des deux Lieutenans-colonels, ils feront remplacés au Confeil par le plus ancien Capitaine du régiment qui fera préfent.

2.

LE Colonel continuera de faire les règlemens qu'il jugera les plus utiles au bien du fervice & à l'intérêt du Corps.

Il continuera pareillement de prendre les ordres de Sa Majesté pour l'uniforme, l'habillement & l'armement du régiment.

TITRE V.

Habillement.

3.

TOUS les marchés avec les différens Fournisseurs, seront faits en présence du Colonel, par le Conseil d'administration.

Marchés.

4.

LES réparations générales décidées au Conseil, seront exécutées d'après les ordres du Colonel; & le Major fera pourvoir aux réparations journalières qu'il conviendra de faire à l'armement, à l'habillement & à l'équipement, dont il confiera le soin dans chaque bataillon aux Aides-majors.

Réparations.

5.

LE Major & les quatre Capitaines chargés de remplir les vues du Colonel, conformément à ce qui sera arrêté dans l'assemblée du Conseil d'administration, se concerteront pour surveiller la régie des différens objets confiés à leurs soins.

Ces quatre Capitaines continueront de vérifier & d'arrêter chaque mois les comptes de la partie de manutention dont chacun d'eux sera chargé : Le résultat qui en sera pareillement arrêté par le Major, sera remis chaque mois au Colonel, & représenté lors des assemblées du Conseil d'administration.

Vérification des comptes; par qui ils doivent être arrêtés.

6.

TOUS les états de prêt vérifiés par l'Aide-major de chaque bataillon, & comparés avec le registre journalier des mutations, seront arrêtés par le Major, & le résultat en sera pareillement représenté au Conseil d'administration.

États de prêt vérifiés par les Aides-majors, & arrêtés par le Major.

7.

LE Major signera tous les mandats sur la caisse du régiment, pour l'administration de la masse générale.

Mandats sur la caisse; par qui signés.

Il sera suppléé, en cas d'absence, par le premier Aide-major, qui ne signera des mandats qu'en conséquence des demandes par écrit des Capitaines du Conseil d'administration, chacun pour les objets dont ils seront chargés.

Le premier Aide-major, en l'absence du Major, & successivement les autres Aides-majors, en l'absence du premier, seront présens aux délibérations du Conseil d'administration.

8.

Recrues.

LE Major sera chargé, sous les ordres du Colonel, de l'administration générale du recrutement, dont les comptes seront portés au Conseil d'administration.

Et pour faciliter au régiment des Gardes-françoises, les moyens de se procurer les recrues qui lui seront nécessaires, Sa Majesté continue à autoriser le Colonel, en tant que besoin seroit, à donner les pouvoirs qu'il jugera convenables, pour faire les recrues de ce régiment dans toute l'étendue du royaume.

9.

Terme des engagemens; âge & taille des Recrues.

LE temps des engagemens continuera à être fixé à huit années : Les congés absolus seront régulièrement donnés aux Soldats chaque année aux termes des engagemens, même pendant la guerre.

Il ne sera reçu que des hommes au moins de cinq pieds quatre pouces, en temps de paix, & de cinq pieds trois pouces en temps de guerre. Ils ne seront agréés qu'autant qu'ils auront seize ans accomplis, & moins de vingt-cinq ans ; mais dans le cas où ils auroient précédemment servi, Sa Majesté permet de les admettre jusqu'à l'âge de trente-cinq ans en temps de paix, & de quarante en temps de guerre.

10.

Suppression des hautes-payes.

A compter du jour que la présente Ordonnance aura

son

son exécution, les hautes-payes accordées par l'Ordonnance du 26 Avril 1771, aux vétérans & à ceux qui ont contracté plusieurs engagemens, seront & demeureront supprimées, sans qu'il soit rien changé aux marques de décoration attachées à la gradation des services.

TITRE V.

I I.

POUR dédommager de la suppression des hautes-payes, ordonnée par l'article précédent, ceux qui dans la confiance qu'ils jouiroient de ces hautes-payes, ont renouvelé un engagement après huit ans, seize & vingt-quatre ans de service, Sa Majesté ordonne qu'il leur soit payé, au jour déterminé pour la suppression des hautes-payes, le prix du rengagement, conformément à la fixation portée dans l'article 12 ci-après, dans la proportion du temps qu'ils auront encore à servir, & en décomptant ce qu'ils auront reçu en se rengageant.

Dédommagement des hautes-payes supprimées.

I 2.

LES Soldats qui, après avoir servi huit ans, desireront de renouveler un engagement, recevront *Cent vingt livres.*

Après seize ans, ils recevront pour prix d'un second rengagement, *Cent quarante livres.*

Et après vingt-quatre ans de service, ceux qui auront acquis la vétérance, qui auront la volonté & qui seront jugés en état de contracter un troisième engagement, recevront *Cent soixante-dix livres.*

Après les huit ans révolus du troisième rengagement, ceux qui seront en état de continuer leurs services ne s'engageront que pour un an, & renouvelleront leur engagement d'année en année ; il leur sera payé *Vingt-quatre livres* en commençant chaque année.

Rengagemens.

I 3.

PERMET Sa Majesté, de rengager les Caporaux,

Rengagemens permis

G

Grenadiers, Fusiliers, Canonniers, Tambours & Instru-mens, dès le commencement de la dernière année de l'engagement courant.

TITRE V.

au commencement
de la
dernière année.

14.

*Congés
de grâce.*

LE prix des congés de grâce, sera fixé à *Quatre cents livres* pour un homme qui auroit encore sept ans à servir ; à *Trois cents cinquante livres* pour six ans ; à *Trois cents livres* pour cinq ans ; à *Deux cents cinquante livres* pour quatre ans ; à *Deux cents livres* pour trois ans ; à *Cent cinquante livres* pour deux ans, & à *Cent livres* seulement pour celui à qui il restera moins de deux ans pour achever son engagement.

15.

*Congés
absolus & de
semestre.*

LE Colonel continuera d'avoir seul l'autorité d'accorder aux Sergens, Caporaux & Soldats les congés absolus, ceux de semestre, les permissions de travail, & la per-mission de se marier.

TITRE VI.

Récompenses militaires.

ARTICLE PREMIER.

*Commission
de Colonel.*

LA Commission de Colonel ne sera accordée aux Capitaines en second des compagnies de Grenadiers, aux Aides-majors & aux Lieutenans en premier, qu'a-près six ans de service, à dater du grade de Lieutenant en premier.

Entend cependant Sa Majesté, que les Lieutenans, soit en premier, soit en second, qui auroient fait quelque action d'éclat à la guerre, ou qui auroient rendu un service important, puissent obtenir cette grâce, sans égard à l'ancienneté dans le grade de Lieutenant.

2.

LES Capitaines de Grenadiers & de Fuſiliers qui auront perdu quelque membre à la guerre, dans le grade de Capitaine, & ceux des ſix premiers Capitaines qui ſeroient parvenus à un âge trop avancé pour pouvoir continuer leurs ſervices, jouiront, en ſe retirant, de *Six mille livres* d'appointemens.

A l'égard des autres Capitaines de Grenadiers & de Fuſiliers qui ſe trouveront, par des infirmités bien conſtatées ou des bleſſures, après trente ans de ſervice au moins, dans l'impoſſibilité de les continuer, ils jouiront de *Cinq mille livres* d'appointemens.

Les Capitaines en ſecond de Grenadiers, les Aides-majors & les Lieutenans, jouiront de la moitié de leurs appointemens, lorſqu'ils ſeront abſolument hors d'état de continuer leurs ſervices.

3.

SA MAJESTÉ veut bien également accorder aux Adjudans, qui par leurs infirmités ou leurs bleſſures ſe trouveront hors d'état de continuer leurs ſervices, la moitié des appointemens attribués à leur grade.

4.

LES Sergens, Caporaux & Soldats du régiment des Gardes-françoiſes ſeront aſſujettis, pour leur admiſſion à l'Hôtel royal des Invalides, aux diſpoſitions du Titre VIII de l'Ordonnance du 25 mars 1776, portant règlement ſur l'adminiſtration des Corps, & à celles du Titre V de l'Ordonnance du 17 juin ſuivant, concernant la conſtitution & adminiſtration de l'Hôtel royal des Invalides : Mais l'intention de Sa Majeſté eſt d'affecter plus particulièrement aux Sergens, Caporaux & Soldats du régiment de ſes Gardes-françoiſes, les penſions de récompenſes militaires, telles qu'elles ſeront détaillées dans les articles ſuivans.

TITRE VI.

Penſions de retraite.

Retraites des Adjudans.

Admiſſion à l'Hôtel royal des Invalides.

5.

L ES Sergens-majors qui auront rempli pendant dix ans, dont huit en qualité de Sergent-major ou de Sergent d'armes, les fonctions actives de leur grade, & les autres Sergens qui les auront remplies pendant dix ans révolus, leſquels ſe trouveront dans l'impoſſibilité abſolue de continuer leurs ſervices, à cauſe de leur âge, de l'épuiſe-ment des forces, de leurs infirmités ou de leurs bleſſures, jouiront de la penſion de récompenſe militaire, que Sa Majeſté fixe à *Trois cents ſoixante livres* pour les Sergens-majors, à *Deux cents cinquante livres* pour les Sergens de Grenadiers, & à *Deux cents trente livres* pour les Sergens de Fuſiliers.

Entend Sa Majeſté que leſdits Sergens jouiſſent, à compter de l'époque où ils obtiendront leur penſion, ſur les certificats du Colonel, du rang de Lieutenant d'In-fanterie, & ſoient admis en ladite qualité dans les com-pagnies détachées de l'Hôtel des Invalides.

6.

S A M A J E S T É accorde aux Caporaux & Soldats qui ſe trouveroient hors d'état de continuer leurs ſervices, conformément aux diſpoſitions du Règlement du 25 mars 1776, & de l'Ordonnance du 17 juin ſuivant, concer-nant l'Hôtel royal des Invalides;

S A V O I R :

A chaque Caporal-fourrier-écrivain, chaque Caporal-porte-drapeau, chaque Caporal - canonnier, & de Grenadier, *Cent quarante livres.*

A chaque Caporal de Fuſilier, *Cent trente livres.*

A chaque Grenadier, Canonnier & Chirurgien, *Cent livres.*

A chaque Fuſilier, Tambour ou Inſtrument, *Quatre-vingt-dix livres.*

A chaque Muſicien affecté à la garde du Roi & à la ſuite de l'État-major, *Deux cents livres.*

Au Tambour-major, *Trois cents livres.*

A chaque Sous-tambour-major, *Cent quarante livres.*

7. L ESDITES

7.

Lesdites pensions seront affectées sur les fonds de l'extraordinaire des guerres. L'intention de Sa Majesté est que les Sergens, Caporaux & Soldats qui en jouiront en vertu des certificats du Colonel du régiment de ses Gardes-françoises, soient assujettis aux dispositions de l'Ordonnance du 17 avril 1772, concernant les Invalides pensionnés.

TITRE VI.

Pensions du Corps, payées par l'Extraordinaire des guerres.

8.

Les Sergens, Caporaux & Soldats pensionnés du régiment des Gardes-françoises, qui jouiront des pensions attribuées à leur grade, & qui seront dans le cas d'être admis aux places qui se trouveront vacantes à l'Hôtel royal des Invalides, seront assujettis aux dispositions des articles 5, 6, 7, 8, 9, 10 & 11 du titre I.er de l'Ordonnance du 17 juin 1776, concernant la constitution & administration dudit Hôtel.

Admission des Sergens, Caporaux & Soldats aux places vacantes de l'Hôtel royal des Invalides.

TITRE VII.

Moyens de parvenir à la nouvelle composition.

ARTICLE PREMIER.

Pour parvenir à la nouvelle composition prescrite par la présente Ordonnance, le Colonel distribuera dans les vingt-quatre compagnies de Fusiliers conservées, les Sergens, Caporaux & Soldats des six compagnies supprimées : Il choisira ensuite parmi toutes les compagnies de Fusiliers, le nombre d'hommes nécessaire pour porter les compagnies de Grenadiers au complet fixé par la présente Ordonnance.

Bas Officiers & Fusiliers des compagnies supprimées, distribués dans les compagnies conservées.

2.

Les moins anciens des Sous-lieutenans actuellement existans, qui se trouveront excéder le nombre prescrit,

Officiers des compagnies supprimées.

H

feront placés dans les compagnies en qualité de Sous-lieutenans en fecond, & reprendront dans cette colonne le rang qu'ils avoient parmi les Enfeignes à pique, avant que d'être Sous-lieutenans.

Les Enfeignes à pique, moins anciens, qui ne pourront pas être placés aux Sous-lieutenances en fecond, rétrograderont aux places d'Enfeignes, en confervant pareillement leur rang, & les Enfeignes à drapeaux excédans feront nombre parmi les Enfeignes furnuméraires, ainfi qu'il eft prefcrit par l'article 14 du Titre I.er de la préfente Ordonnance.

3.

Finance portée à la caiffe du régiment.

SA MAJESTÉ fe propofant de nommer par rang d'ancienneté aux premiers emplois vacans dans chaque grade, les Officiers qui en auront changé par les difpofitions de la préfente Ordonnance; & voulant que ces Officiers foient payés des mêmes appointemens dont ils jouiffent actuellement, fon intention eft qu'ils ne puiffent parvenir aux emplois qui viendront à vaquer par mort, dans le grade où ils étoient avant la nouvelle compofition, & que la finance de la dernière charge qu'ils avoient obtenue, refte en dépôt à la caiffe du régiment, pour fervir à payer les emplois auxquels Sa Majefté les nommera.

4.

Sergens & Caporaux confervés.

LES Sergens d'armes pafferont par rang d'ancienneté de leur nomination à ce grade, aux places de Sergens-majors des compagnies de Grenadiers & de Fufiliers. Ceux qui fe trouveront excéder le nombre fixé par la préfente Ordonnance, rempliront celles de premier Sergent, conjointement avec les Sergens-fourriers actuellement exiftans : Voulant Sa Majefté que les moins anciens des Sergens-fourriers qui ne pourront pas être nommés premiers Sergens, paffent aux places de Sergens de fection, & que les Sergens de fections & Caporaux excédant le nombre fixé, faſſent nombre en conſervant leur grade, dans les compagnies de Grenadiers & de Fuſiliers, pour y faire le ſervice de Sergent & de Caporal, & recevoir la ſolde de leur grade juſqu'à ce qu'ils puiſſent être mis en pied.

L'intention de Sa Majeſté eſt que les Sergens qui en changeant de grade, éprouveroient de la diminution dans leur paye, en reçoivent le ſupplément juſqu'à leur remplacement, qui aura lieu, tant pour eux que pour les Caporaux, de préférence à tout autre.

Leur ſolde conſervée.

A l'égard des Tambours qui ſe trouveroient également excéder la nouvelle compoſition, ils ſeront placés dans les compagnies comme Fuſiliers, s'ils ont la taille preſcrite, ſans pouvoir prétendre à la haute-paye dont ils jouiſſoient, qui étoit deſtinée à l'entretien de leur caiſſe ; & le Colonel donnera des congés abſolus à ceux qui ne ſe trouveront pas avoir la taille & la tournure néceſſaires pour être admis dans les compagnies de Fuſiliers.

Tambours admis comme Fuſiliers, s'ils ont la taille.

5.

L'INTENTION de Sa Majeſté eſt qu'il ſoit dreſſé par le Commiſſaire des guerres ayant la police dudit régiment, un procès-verbal de la nouvelle compoſition preſcrite par la préſente Ordonnance : Voulant Sa Majeſté que le traitement qui y eſt réglé ait lieu en tous points, à commencer du jour de la date dudit procès-verbal : Ledit Commiſſaire des guerres en joindra des expéditions à celle de ſa revue.

Procès-verbal du Commiſſaire des guerres, pour établir l'époque de la nouvelle compoſition.

TITRE VIII.
Service.

ARTICLE PREMIER.

LE Colonel continuera de prendre les ordres de Sa Majeſté pour ſa garde, celle de la Reine & de la Famille

Service à la Cour & à Paris.

royale, pour le logement du régiment à Paris, & pour le service, la police & discipline dans ladite ville.

Sa Majesté se propose de faire un règlement général pour le service de sa garde & pour celui des Capitaines & autres Officiers à Paris, lorsque le casernement sera achevé.

2.

Congé des Officiers.

LE Colonel continuera pareillement de donner les congés aux Capitaines & aux autres Officiers, d'après le nombre qui sera prescrit par Sa Majesté.

3.

Manœuvres.

L'INTENTION de Sa Majesté est que le régiment de ses Gardes-françoises soit exercé aux mêmes manœuvres qu'elle a ordonnées pour son Infanterie.

4.

Crimes & délits.

VEUT aussi Sa Majesté qu'il se conforme aux Ordonnances pour les crimes & délits militaires.

5.

Discipline à la guerre.

LE régiment des Gardes-françoises sera assujetti, à la guerre, à la discipline établie pour les autres troupes.

6.

Drapeaux.

LES compagnies du régiment des Gardes-françoises conserveront les drapeaux qui leur sont affectés par leur constitution.

Mais Sa Majesté ordonne qu'il ne soit porté que deux drapeaux par bataillon lorsque le régiment sortira de Paris pour aller à la guerre.

Ces deux drapeaux ne seront alors affectés à aucune compagnie : ils seront portés par les deux plus anciens Enseignes de chaque bataillon ; & lorsqu'une compagnie montera une garde d'honneur, elle prendra un des drapeaux du bataillon qui sera porté par l'Enseigne de la compagnie.

7.

SA MAJESTÉ voulant que les bataillons foient complets pour le fervice de l'armée, donnera fes ordres chaque campagne, pour faire marcher avec les bataillons du régiment de fes Gardes-françoifes qui iront à la guerre, le nombre de compagnies qu'Elle jugera néceffaires pour fa garde ou les autres gardes d'honneur; lefquelles continueront d'être fournies à l'armée tour-à-tour par toutes les compagnies de Fufiliers.

Compagnies allant à la guerre, deftinées aux gardes d'honneur.

Et lorfque Sa Majefté jugera à propos de faire marcher à la guerre les compagnies de Grenadiers des bataillons qui refteront à Paris, lefdites compagnies remplaceront aux bataillons les compagnies de Fufiliers qui fe trouveront employées aux gardes d'honneur, & prendront la droite ou la gauche des bataillons, ainfi qu'il fera ordonné par le Commandant du régiment.

8.

LE fervice de l'armée fe fera tour-à-tour entre toutes les compagnies de Grenadiers, proportionnément au nombre des bataillons du régiment des Gardes-françoifes qui feront à l'armée, à moins que le régiment étant de tranchée, ou deftiné pour une attaque, on ne commandât tous les Grenadiers du régiment: Sa Majefté veut que les compagnies de Grenadiers dudit régiment, commandés par leurs Capitaines & autres Officiers, marchent toujours entières pour le fervice de l'armée, & ne foient jamais morcelées.

Service des Grenadiers à l'armée.

9.

LORSQUE les régimens des Gardes-françoifes & des Gardes-fuiffes monteront la tranchée, il n'y aura point de Brigadier qui ne foit de leur Corps.

Tranchée; l'ordre & le mot.

L'ordre & le mot continueront d'être donnés au cercle particulier de leur Corps, par leur Officier.

I

I O.

VEUT Sa Majesté que les Capitaines & Lieutenans du régiment de ses Gardes-françoises soient maintenus à faire le service de l'armée suivant les grades affectés à leur charge & suivant l'ancienneté de leur commission : Entendant Sa Majesté, que les Lieutenans en second jouissent du même grade que les Lieutenans en premier.

Son intention est aussi que les Capitaines & autres Officiers fassent le service du régiment, tant auprès de sa personne que dans ses armées, ainsi qu'il est réglé par les précédentes Ordonnances ou Règlemens.

I I.

LES Capitaines commandans des compagnies de Grenadiers, qui se trouveront blessés ou malades, seront remplacés, pour les détachemens de guerre, par le Capitaine en second de la même compagnie, le Capitaine en second par le Lieutenant en premier, & le Lieutenant en premier par le Lieutenant en premier de Fusiliers, qui suivra immédiatement le dernier des Lieutenans de Grenadiers.

Il en sera usé de même pour le remplacement des Lieutenans en second & des Sous-lieutenans, dans chaque grade.

I 2.

LE régiment fera le service à l'armée avec tous les régimens de l'Infanterie également avec eux, sans aucune distinction, si ce n'est que les détachemens dudit régiment auront la droite, & que toutes les gardes qu'il fournira s'assembleront au centre du régiment, d'où elles iront chacune à leur poste.

I 3.

LES Conseils de guerre se tiendront ainsi qu'il est établi dans le Corps : Le Prévôt continuera d'y faire les fonctions de sa charge, & de jouir du rang, priviléges, franchises & libertés qui lui sont attribués.

14.

LE régiment continuera d'avoir ses Vivandiers à sa suite.

Vivandiers.

15.

LE pain & la viande seront toujours fournis en campagne, au régiment des Gardes-françoises, sur le même pied qu'aux autres régimens de l'Infanterie françoise.

Vivres en campagne.

16.

LES Officiers auront pendant la campagne, la quantité de rations de pain attribuée à leur grade, & la retenue leur en sera faite sur le même pied qu'aux Soldats.

Rations de pain aux Officiers en campagne.

17.

L'ÉTAT-MAJOR, les Capitaines & les autres Officiers auront en campagne, & lorsqu'ils marcheront par étape, la quantité de rations de fourrages réglée pour chaque grade par les Ordonnances.

Rations de fourrage en campagne, suivant les grades.

Le Lieutenant-colonel en second aura les mêmes quantités de rations de fourrages que le Lieutenant-colonel en premier.

Les Adjudans, l'Aumônier, les deux Chirurgiens-majors, la Prévôté & tous les Sergens continueront de recevoir, lorsqu'ils marcheront par étape, les rations de fourrage qui leur seront accordées par les Ordonnances.

18.

ENTEND Sa Majesté qu'à commencer du jour que l'étape cessera d'être fournie aux Officiers qui marcheront en campagne, jusqu'au jour qu'ils recevront l'étape pour revenir à Paris, le fourrage ne sera délivré aux Capitaines & autres Officiers qu'en une seule qualité, sans qu'ils puissent le recevoir, sous aucun prétexte, pour deux ou plusieurs qualités.

Le fourrage ne sera délivré que pour une qualité.

TITRE IX.

Priviléges & prérogatives . du Colonel & du Régiment, confervés.

Priviléges confervés. SA MAJESTÉ conferve au Colonel du régiment de fes Gardes-françoifes tous les honneurs, droits & prérogatives attachés à fa charge, & qui lui ont été accordés par les Ordonnances précédemment rendues, & le Règlement de 1691.

Veut pareillement Sa Majefté que le régiment de fes Gardes-françoifes continue de jouir de tous les priviléges & différentes prérogatives qui lui ont été accordés depuis fa création, auxquels ils n'eft point dérogé par les difpofitions de la préfente Ordonnance.

MANDE & ordonne Sa Majefté au Colonel du régiment de fes Gardes-françoifes, aux Commiffaires des guerres à fa conduite & police, & à tous autres fes Officiers qu'il appartiendra, de tenir la main à l'exécution de la préfente.

FAIT à Verfailles le dix-fept juillet mil fept cent foixante-dix-fept. *Signé* LOUIS. *Et plus bas,* SAINT-GERMAIN.